J'aimerais devenir.

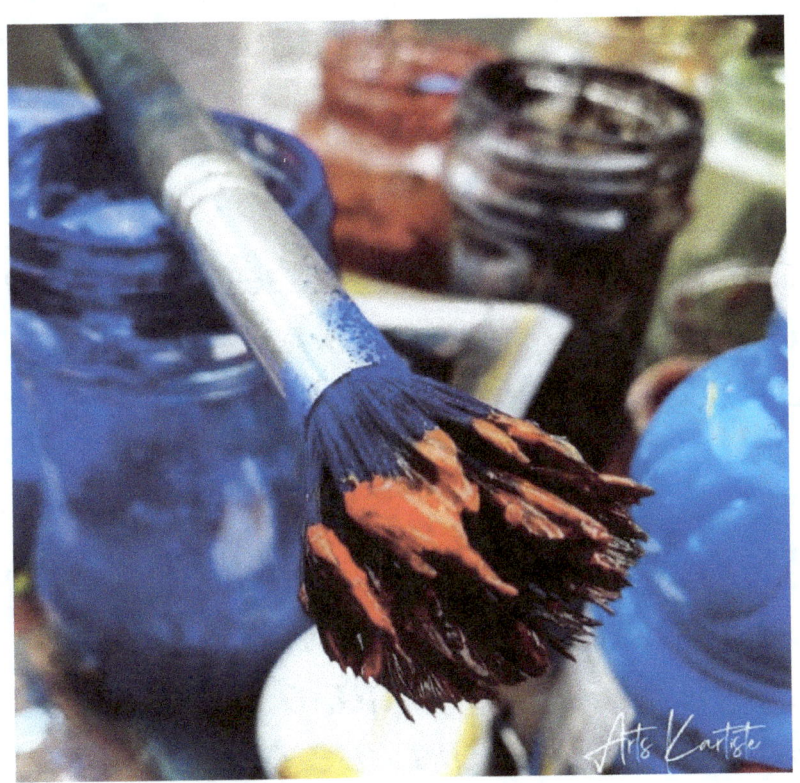

Certains artistes peuvent avoir commencé à dessiner dès leur plus jeune âge comme Picasso à 8 ans pour sa première toile.

D'autres peuvent avoir découvert leur passion pour l'art plus tard dans la vie, c'est mon cas.

Certaines personnes étudient l'art à l'école ou à l'université comme Eugène Delacroix, qui a fait les Beaux-Arts, tandis que d'autres se forment par elles-mêmes, comme moi! A la base j'ai une Licence en gestion.

"L'art a toujours existé, les hommes préhistoriques ont disparu, leurs fresques sont toujours là."

Il peut y avoir de nombreux obstacles à surmonter pour devenir artiste professionnel ou pas, mais pour ceux qui sont passionnés, *"passionnables"*, et surtout déterminés à graver leur histoire, alors ils peuvent réussir à percer dans le milieu.

"Mais le but de ce livre n'est pas de devenir une star dans la peinture, mais de dire pourquoi pas moi, apprendre un bout de culture artistisque pour commencer à faire sa première œuvre et en être fier."

"Je n'ai pas les mots pour vous exprimer cette sensation de fierté, ce que j'ai ressenti quand j'ai fini mon premier tableau."

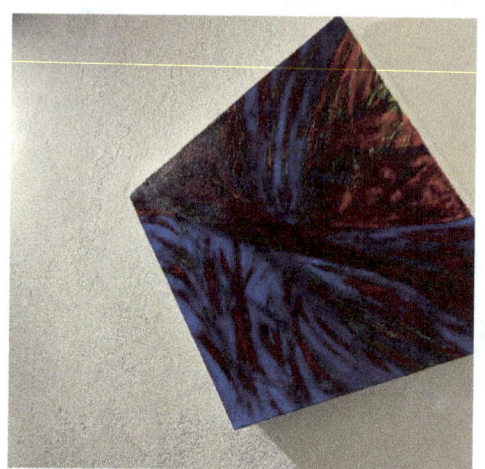

Numéro 1 blue

Red Numéro 2

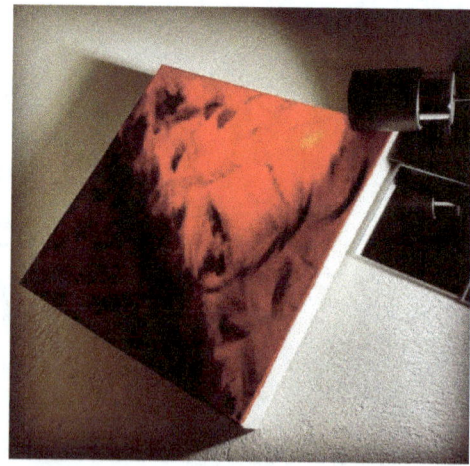

"C'est moche? Mais j'ai réalisé ça!
Ce sont mes couleurs, mon oeuvre."

Mais après tout
Il faut commencer.

Quel âge pour commencer?

"Réellement il n'est jamais trop tôt ou trop tard pour commencer à explorer votre intérêt pour un art!"
Uguette Clément

"Si vous êtes motivé et que vous souhaitez devenir artiste amateur, Vous allez découvrir un bout de culture artistique pour commencer."

"Se mettre à l'art, c'est la meilleure façon de s'exprimer ou d'explorer son potentiel artistique, de créativité ou même d'utiliser l'art comme un moyen de gérer le stress ou de traiter des émotions difficiles."

"Se mettre à l'art c'est peut-être aussi un moyen de se déconnecter de la vie quotidienne et de se concentrer sur quelque chose de plus personnel."

"Je m'évade quand je mets ma playlist, quand je mêle musique et couleurs, imaginez le cocktail que cela donne!"

Il est important de trouver un type d'art qui vous intéresse et qui correspond à vos objectifs, afin que vous soyez plus enclin à continuer à le pratiquer à long terme.

Choisir la discipline qui me plait.

"Il existe de nombreux styles différents, chacun ayant ses propres caractéristiques et techniques distinctes."

Alors! Voici quelques-uns des styles les plus courants."

Peinture réaliste.

"J'ai rencontré ce style qui met l'accent sur la reproduction fidèle de la réalité, la vraie vie en utilisant des détails précis et une précision élevée."

Ce style de peinture qui cherche à reproduire fidèlement la réalité utilise des techniques de représentation précises et détaillées que je me suis dis: "Magique!"

Les peintures réalistes sont souvent très proches dans leur apparence de la photographie, top car je fais de la photo et j'aime ça.

"Je découvre que les peintres réalistes utilisent généralement des couleurs et des textures très réalistes pour reproduire les détails et les nuances de la réalité."

Ils peuvent utiliser des techniques telles que la grisaille, la glacis et la peinture à l'huile pour créer des effets de profondeur et de luminosité réalistes.

Les peintres réalistes cherchent souvent à reproduire les détails les plus subtils de la réalité, tels que les textures, les ombres et les reflets.

Les sujets de peintures réalistes peuvent varier. Cela peut inclure des scènes de la vie quotidienne, des paysages, des portraits, des animaux, des objets inanimés.

Les peintres réalistes peuvent également se concentrer sur des sujets plus abstraits tels que les reflets d'eau ou les textures de la nature.

"En résumé, la peinture réaliste est un style de peinture qui cherche à reproduire la réalité en utilisant des techniques de représentation détaillées et précises. Ce n'est vraiment pas pour moi."

L'impressionniste.

Ce style met l'accent sur la capture des effets de la lumière et des couleurs dans la nature, en utilisant des coups de pinceaux larges et des couleurs vives.

L'impressionnisme est un mouvement artistique qui a émergé en France au milieu du XIXe siècle.

Il se caractérise par l'utilisation de couleurs vives et lumineuses, de petits traits de pinceaux et de la lumière pour créer des impressions plutôt que des reproductions fidèles de la réalité.

Les peintres impressionnistes cherchent à capturer l'effet de la lumière sur les objets et les scènes qu'ils peignent.

Claude Monet, Edgar Degas, Pierre-Auguste Renoir, Camille Pissarro et Berthe Morisot, ont tendance à peindre en plein air pour capturer les effets de la lumière naturelle.

Ils ont également utilisé des couleurs vives et des petits traits pour créer des œuvres d'art qui reflètent leurs impressions subjectives de la réalité.

Ils incluent souvent des scènes de la vie quotidienne, des paysages, des portraits, des natures mortes et des scènes de genre.

Les peintures impressionnistes sont souvent très lumineuses et colorées, avec des effets de lumière et de transparence qui attirent l'attention du spectateur.

"En gros, reproduire la réalité, chanter, danser, reproduire des sons, des mouvements ou des voix ce n'est pas dans mes cordes!"

La Peinture expressionniste.

Ce style est basé sur l'expression des émotions et des sentiments de l'artiste, en utilisant des formes et des couleurs dramatiques.

La peinture expressionniste est un style d'art qui a émergé en Allemagne au début du XXe siècle.

Il se caractérise par l'utilisation de couleurs et de coups de pinceau audacieux et émotifs, et l'accent mis sur les sentiments et les expériences intérieures de l'artiste.

Les peintres expressionnistes ont cherché à transmettre une vision subjective et personnelle du monde, plutôt que de simplement représenter la réalité objective.

Ils ont souvent utilisé des formes et des perspectives déformées pour évoquer un sentiment de malaise ou d'agitation émotionnelle.

Certains peintres expressionnistes notables incluent: - Egon Schiele -Ernst Ludwig Kirchner -Emil Nolde - Oskar Kokoschka -Max Beckmann.

L'expressionnisme était un mouvement majeur de la scène artistique allemande et autrichienne avant la Première Guerre mondiale. Il était également actif dans d'autres pays comme les Pays-Bas et plus tard aux États-Unis.

"Pour ma part la réalité est trop belle pour la déformer, et créer un malaise. J'aime moins l'idée."

Peinture surréaliste.

Ce style utilise des images et des symboles pour exprimer des idées fantastiques ou surréalistes.

La peinture surréaliste est un style artistique qui a émergé dans les années 1920, en réaction contre les conventions de la peinture traditionnelle.

Les artistes surréalistes cherchent à explorer les aspects inconscients de l'esprit humain en utilisant des images et des symboles pour exprimer des idées fantastiques ou surréalistes.

Les œuvres surréalistes souvent se caractérisent par des images qui semblent incongrues ou incohérentes, mais qui ont un sens caché ou symbolique.

Les artistes surréalistes utilisent souvent des techniques de collage et de photomontage pour créer des images surprenantes et déroutantes.

Les principaux artistes surréalistes incluent Salvador Dalí, René Magritte, Max Ernst, Yves Tanguy, Joan Miró entre autres.

Ils ont tous apporté leur propre vision et technique pour Explorer les aspects inconscients de l'esprit humain dans leur travail.

La peinture surréaliste a également influencé d'autres formes d'expression artistique, telles que la photographie, le cinéma, la littérature et la musique.

Whaooo! J'adore!!!

MAIS! Je n'ai pas leur imagination.

Ca à l'air trop BIEN !!"

J'essaye!!! Heu !!!!....Chaud!

Vous Connaisssssez ...Le Syndrome de la page blanche?

Je ne me décourage surtout pas!!

Mais compliqué quand même!

Et le Style cubiste?

Je continue donc mes recherches et je croise le style Cubiste!

La peinture cubiste est un style artistique qui est née en France à la fin du 19ème siècle et qui a atteint son apogée dans les années 1910 et 1920.

Les artistes cubistes se sont inspirés de la tradition de l'art africain, océanien et des art premiers en général.

Les principaux représentants de ce courant sont Pablo Picasso et Georges Braque.

Les peintures cubistes se caractérisent par la fragmentation de la forme et la réinterprétation des objets dans l'espace.

Au lieu de représenter les objets de manière réaliste, les artistes cubistes les décomposent en formes géométriques simples, comme des cubes, des pyramides et des sphères, et les réassemblent de manière à créer une nouvelle vision de l'objet.

Les peintures cubistes sont souvent peintes à partir de plusieurs points de vue simultanés, et utilisent des couleurs vives et des contrastes forts pour créer une dynamique visuelle.

Les artistes cubistes ont également utilisé des techniques comme la superposition et le collage pour créer des textures et des effets de profondeur dans leurs œuvres.

La peinture cubiste a eu une grande influence sur d'autres styles d'art qui ont suivi, comme l'abstraction géométriqueet l'art moderne en général.

Le Style Fauviste.

Il se caractérise par des couleurs vives et des contrastes forts, les formes sont simplifiées et stylisées.

La peinture fauviste est un style de peinture qui a vu le jour à la fin du XIXe siècle en France. Et oui encore la France. Quelle fierté pour moi de découvrir cela.

Les peintres fauvistes ont tendance à utiliser des couleurs de manière expressive, plutôt que pour reproduire fidèlement la réalité.

Les peintres fauvistes, comme Henri Matisse, André Derain, Raoul Dufy et Kees van Dongen, ont été les principaux représentants de ce mouvement.

Ils ont créé des œuvres d'art qui reflètent leur propre vision subjective de la réalité.

Les peintures fauvistes sont souvent très expressives, attirent l'attention du spectateur avec leurs couleurs vives et leurs formes.

Les sujets de peintures fauvistes incluent souvent des scènes de la vie quotidienne, des portraits, des paysages et des natures mortes.

"En résumé, la peinture fauviste est un style de peinture qui se caractérise par l'utilisation de couleurs non-naturelles pour créer des œuvres d'art."

"Les Fauvistes reflètent leur propre vision subjective de la réalité, une vision que je n'ai pas, que vais-je faire?"

Peinture moderne.

Ce style regroupe les courants artistiques qui ont emergé après le XXème siècle, comme l'expressionnisme abstrait, les néo-avant-gardistes, l'art conceptuel, etc...

Cette liste n'est pas exhaustive. Il existe de nombreux autres styles de peinture, chacun ayant ses propres caractéristiques uniques.

Déja là!

Il y a un bel échantillon pour commencer à se faire une idée.

Mais il en manque un, mon propre Choix.

"Moi! *j'ai choisi*"
La Peinture abstraite.

Ce style se concentre sur l'expression des idées, des émotions et des concepts à travers des formes, des couleurs et des textures.

L'art abstrait est un genre d'art dans lequel les artistes ne cherchent pas à représenter directement la réalité observable.

Il cherchent plutôt à exprimer des idées, des émotions ou des oncepts à travers des formes, des couleurs et des textures.

Les œuvres d'art abstraites ne suivent pas les conventions de la représentation réaliste et peuvent être très différentes les unes des autres.

Il existe différents sous-genres d'art abstrait, tels que l'abstraction géométrique, l'abstraction lyrique, l'action painting, l'art minimal et l'art conceptuel.

L'abstraction géométrique est caractérisée par des formes géométriques simples et des couleurs uniformes, tandis que l'abstraction lyrique est plus intuitive et émotionnelle, utilisant des formes et des couleurs plus fluides.

L'action painting est un style dans lequel l'artiste peint rapidement et spontanément, en utilisant des gestes larges et des couleurs vives.

L'art minimal est un style minimaliste caractérisé par des formes géométriques simples et des couleurs unies, tandis que l'art conceptuel est un style qui met l'accent sur les idées et les concepts plutôt que sur la forme visuelle.

"En général, l'art abstrait est souvent considéré comme étant plus ouvert à l'interprétation, laissant plus de liberté à l'observateur pour lui donner un sens ou une signification."

Comment imaginer ce que je vais dessiner?

"Il existe plusieurs façons d'imaginer ce que vous allez dessiner."

"Laissez votre esprit vagabonder et laissez-vous inspirer par ce qui vous entoure."

"Moi! Souvent! J'imagine des scènes de la vie quotidienne, des personnages fantastiques, des paysages naturels ou même des choses qui n'existent pas dans la réalité.

"Il y a aussi des discussions que j'ai eu avec les gens que j'ai croisé dans la rue, ma mère, ma soeur, mes collègues, mes clients, même mon chat"

Utilisez des références.

"Utilisez des photos, des croquis ou des images pour vous inspirer."

Vous pouvez également utiliser des références pour vous aider à dessiner des choses plus précises, comme des animaux ou des bâtiments.

Utilisez des exercices de créativité.

"Il existe des exercices qui peuvent aider à développer votre capacité à imaginer."

Par exemple, vous pouvez dessiner un objet à partir de sa forme, ou imaginer une histoire à partir d'une image.

Utilisez vos émotions et vos sentiments.

"Vous pouvez utiliser vos émotions et vos sentiments pour imaginer des choses qui reflètent votre état d'esprit actuel."

Par exemple, si vous vous êtes triste, vous pourriez dessiner une scène pluvieuse, ou un personnage solitaire.

Vous êtes joyeux? Une scène avec le soleil et la mer et des oiseaux.

Faites-vous confiance.

"Souvent, la crainte de ne pas être capable de dessiner quelque chose de bien peut nous bloquer."

"Il est important de se rappeler qu'il n'y a pas de mauvais dessins, juste des dessins qui ne sont pas encore achevés. Faites-vous confiance et laissez-vous aller à la création."

Tout le monde est différent et qu'il n'y a pas une seule façon de créer.

L'essentiel est de s'amuser et de laisser votre créativité s'exprimer.

Dessinez et peignez régulièrement.

Commencez par un petit budget. Nul besoin de commencer avec de grandes marques de peintures ou de toiles.

La pratique est essentielle pour améliorer vos compétences en matière de dessin et de peinture, comme pour un instrument de musique.

"*Pour maîtriser la guitare, il faut dix années par corde.*"

"*Alors pour maitriser le dessin il faut peut être dix années par couleur.*"

"Alors essayez de dessiner ou de peindre chaque jour, même seulement pendant quelques minutes, au début le résultat n'est pas important."

Regardez des œuvres d'art.

"Visitez des musées et des expositions pour voir des œuvres d'art créées par d'autres artistes."

Cela vous donnera une idée de ce qui est possible en matière d'art et vous inspirera pour créer vos propres œuvres.

Prenez des cours.

En ligne aussi c'est possible, ou inscrivez-vous à des cours d'art pour apprendre les techniques de base et les astuces des professionnels.

Vous pouvez également apprendre en regardant des tutoriels vidéo sur des sites de vidéo à télécharger ou de streaming.

Soyez curieux et ouvert d'esprit.

"L'art est une aventure constante d'apprentissage et de découverte."

N'ayez pas peur de tester de nouvelles choses et de sortir de votre zone de confort.

Être curieux et ouvert d'esprit signifie être désireux de découvrir de nouvelles choses et de nouvelles idées.

Cela veut aussi dire que vous êtes disposé à les explorer de manière critique et impartiale.

Cela peut inclure l'exploration de nouveaux sujets d'étude, la découverte de nouvelles cultures, la rencontre de personnes différentes, et l'expérimentation avec de nouvelles

idées et de nouvelles perspectives qui feront oser de nouvelles couleurs.

L' attitude curieuse et ouverte d'esprit, peut élargir vos connaissances, améliorer la compréhension et apprendre d'une manière plus efficace.

C'est un état d'esprit qui favorise l'apprentissage et la croissance personnelle, et qui peut être cultivé en étant conscient de ses propres pensées et en cherchant activement à découvrir de nouvelles choses dont l'art.

Bien Choisir sa peinture.

Il y a plusieurs types de peintures que vous pouvez utiliser pour peindre, voici les choix les plus courants.

Peinture à l'huile.

La peinture à l'huile est considérée comme l'un des types de peintures les plus nobles dans l'art, en raison de sa longue histoire et de sa grande variété de textures et de possibilités de couleurs.

Les peintres célèbres tels que Van Gogh, Monet, Rembrandt et Vermeer ont tous utilisé la peinture à l'huile pour créer leurs œuvres d'art les plus célèbres.

L'une des principales caractéristiques de la peinture à l'huile est sa capacité à être étalée et mélangée sur la toile pour créer des textures uniques et des effets de transparence.

Les peintres peuvent utiliser des outils tels que les pinceaux, les spatules et les couteaux pour étaler et mélanger la peinture à l'huile sur la toile, ce qui permet de créer des formes et des textures riches et détaillées.

La peinture à l'huile est également connue pour sa durabilité et sa résistance à la décoloration.

Les peintures à l'huile sont souvent utilisées pour les peintures murales et les fresques car elles peuvent résister aux conditions extérieures et conserver leur éclat pendant de nombreuses années.

Enfin, la peinture à l'huile est souvent considérée comme étant plus difficile à maîtriser que d'autres types de peintures car elle nécessite un certain temps pour sécher et une technique spécifique pour le mélange.

"Beaucoup d'artistes ont passé des années à perfectionner leur technique de peinture à l'huile pour créer des œuvres d'art de qualité."

Peinture à l'aquarelle.

La peinture à l'aquarelle est un type de peinture où l'eau est utilisée comme diluant plutôt que de l'huile ou un solvant.

Les pigments sont mélangés avec de la gomme arabique pour former des granulés qui sont ensuite dissous dans l'eau pour créer la peinture.

Les artistes utilisent des pinceaux, des plumes et même des brosses à dents pour créer des textures et des effets uniques.

La peinture à l'aquarelle est souvent considérée comme délicate et subtile, car elle ne permet pas de masquer les erreurs ou les couches inférieures de peinture comme cela est possible avec d'autres techniques.

Elle est souvent utilisée pour des sujets tels que les paysages, les portraits, les études de nature morte et les illustrations.

Peinture à la tempera.

La peinture à la tempera est une technique de peinture utilisant des pigments mélangés à des liants tels que l'œuf ou la gomme arabique.

Cette technique a été utilisée depuis l'Antiquité jusqu'au Moyen Âge, avant d'être remplacée par la peinture à l'huile.

Les avantages de la peinture à la tempera ne sont pas négligeables.

Les pigments sèchent vite ce qui permet aux artistes de travailler rapidement et de créer des œuvres en peu de temps.

La peinture à la tempera résiste bien à la décoloration et conserve sa couleur d'origine pendant des siècles.

Les pigments utilisés dans la peinture à la tempera ont tendance à être plus lumineux et plus brillants que ceux utilisés dans la peinture à l'huile.

Elle est peu coûteuse car les matériaux utilisés pour la peinture à la tempera sont généralement moins chers que ceux utilisés pour la peinture à l'huile.

La peinture à la tempera est facile à appliquer et peut être utilisée pour créer des textures intéressantes.

Peinture acrylique

"C'est l'une des peintures qui vous conviendra le mieux pour commencer, enfin, ça été mon choix."

Les acryliques sont des peintures à base d'eau qui se composent de pigments mélangés à une résine acrylique.

Elles ont été développées au milieu du XXe siècle et ont rapidement gagné en popularité auprès des artistes en raison de leur facilité d'utilisation et de leur rapidité de séchage.

Les peintures acryliques ont des caractéristiques similaires à celles des huiles, mais elles sèchent plus rapidement, sont plus faciles à nettoyer et plus sûres à utiliser.

Elles peuvent être réduites avec de l'eau pour créer des lavis et des effets de transparence, ou utilisées de manière épaisse pour créer des textures et des reliefs.

Il est important de noter que le choix de la peinture dépendra de vos préférences personnelles et de l'effet que vous voulez créer dans votre peinture.

Petit conseil il faut tester différents types de peintures avant de choisir celle qui convient le mieux à vos besoins.

« Ma touche perso! c'est de rajouter des couleurs prises dans la nature sans les mélanger à l'acrylique directement! »

Les pigments naturels pour les artistes.

Ils sont utilisés pour la peinture, la gravure ou la calligraphie.
Les exemples courants de pigments naturels sont les ocres rouges, le noir de charbon, le bleu de cobalt, le vert de chrome, le jaune de chrome, le blanc de plomb, le rouge de mercure, le bleu de Prusse, le rouge de cadmium, le vert de vessie, le bleu d'indigo le rouge de cochon, le rouge de dragon, et des dizaines d'autres que je pourrais vous citer.

Les pigments naturels peuvent provenir de différentes sources, comme les plantes, les épices, les animaux ou les minéraux. Les pigments végét aux sont souvent extraits de fruits, de feuilles ou de racines tandis que les pigments d'origine animale peuvent provenir de coquillages, de coraux ou de certaines espèces d'insectes.

Certains pigments peuvent être obtenus à partir de roches et de minéraux tels que l'oxyde de fer, le carbonate de cuivre et la craie.

Les pigments naturels vous permettent de créer de nouvelles couleurs, une manière de donner une autre perspective également et de sublimer votre art.

Les Outils de l'artiste.

Vous pouvez utiliser des pinceaux, des rouleaux, des crayons et des feutres, des bouts de bois, des spatules et beaucoup d'autres appareillages pour déplacer et mélanger les couleurs sur la toile, vous pouvez même donner des formes à vos realisations avec toutes sortes d'outils de votre ateliers.

Et pour Finir les Amis. N'oubliez jamais!

Il est important de se rappeler que devenir artiste est difficile, mais cela ne veut pas dire que cela est impossible.

Il faut beaucoup de détermination, de persévérance et de pratique pour y arriver comme toute discipline."

Après quelques années de pratique.

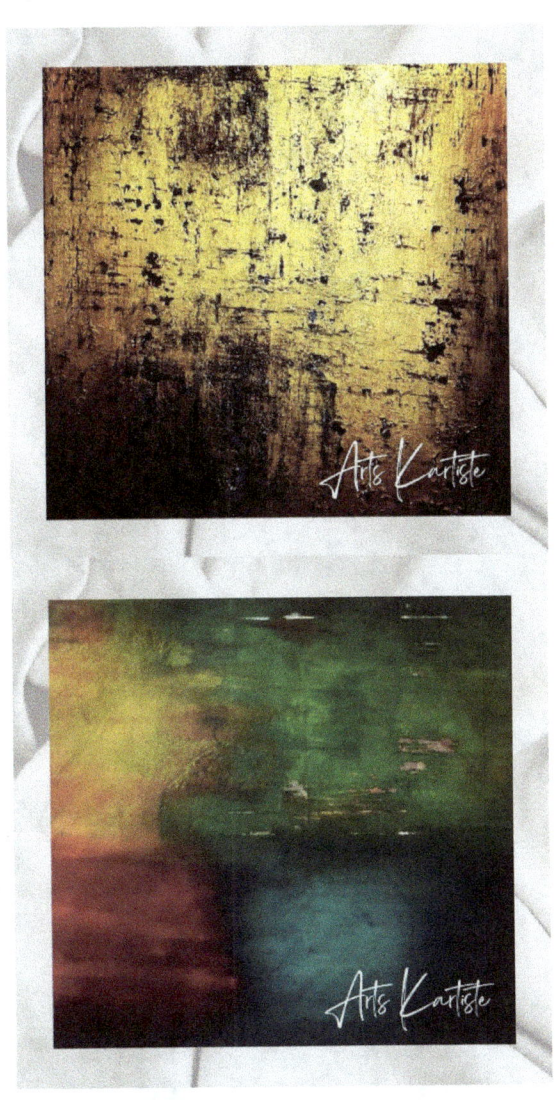

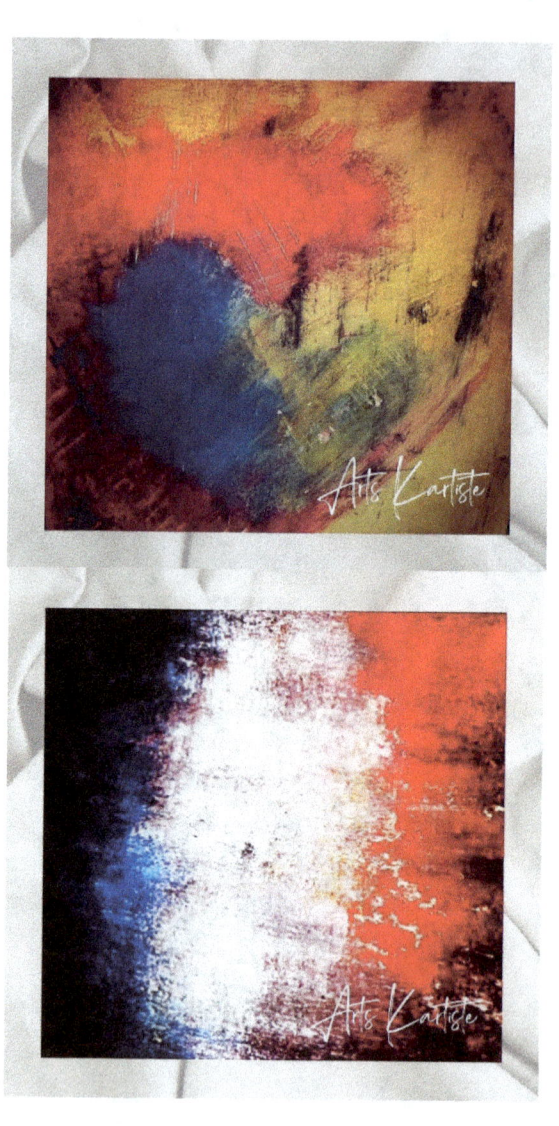

Apprenez en permanence et n'arrêtez jamais d'esquisser Votre Histoire."

Kartiste

Surtout Amusez-vous bien." By JR

www.ingramcontent.com/pod-product-compliance
Lightning Source LLC
Chambersburg PA
CBHW070240220526
45465CB00004B/1468